ANTONIO VOLANTI

SALVARE L'IMPRESA DAL FALLIMENTO

Come Scongiurare l'Insolvenza e Affrontare la Crisi della Tua Azienda per Evitare il Fallimento

Titolo

"SALVARE L'IMPRESA DAL FALLIMENTO"

Autore

Antonio Volanti

Editore

Bruno Editore

Sito internet

www.brunoeditore.it

Sommario

Introduzione pag. 5

Capitolo 1: Che cosa è il fallimento pag. 8

Capitolo 2: Come, quando e perché si fallisce pag. 14

Capitolo 3: Come fare quando arriva la crisi pag. 24

Capitolo 4: Come risolvere la crisi senza il giudice pag. 32

Capitolo 5: Come risolvere la crisi ricorrendo al giudice pag. 44

Capitolo 6: Come proporre un concordato preventivo pag. 54

Conclusione pag. 71

Introduzione

In questo periodo di forte crisi economica, le statistiche ci dicono che nel 2011 i fallimenti registrati in Italia sono stati ben 12.094 (+7,4% rispetto al 2010), con una perdita di oltre 300mila posti di lavoro dal 2009.

Il fallimento è quindi un fenomeno diffuso che costituisce un serio danno non solo per l'economia in generale, ma anche e soprattutto per colui che vi si trova coinvolto. Ma che cosa è esattamente il fallimento e che cosa può fare un imprenditore che si trovi in crisi per scongiurare un evento così infausto?

In questo corso si cercherà di fornire risposta a tali quesiti in modo semplice ma accurato, perché chiunque si trovi a gestire la crisi della propria azienda sappia che cosa l'aspetta e, soprattutto, che cosa può fare per evitare che si verifichi il peggio.

Si spiegherà dunque in che cosa consiste il fallimento e quali sono i suoi principali effetti per il fallito. Si indicheranno poi quali sono i soggetti che possono fallire e a quali condizioni.

Finalmente si arriverà al cuore di questo corso, analizzando le modalità con le quali si può affrontare la crisi di impresa e scongiurare la dichiarazione di fallimento. Si partirà dallo spiegare quali sono le modalità che non richiedono l'intervento del tribunale, per poi affrontare gli strumenti con i quali, invece, ci si rivolge al giudice per risolvere la crisi.

Ogni imprenditore dovrebbe leggere le pagine che seguono, al fine di evitare tutti quei comportamenti che possono condurre all'insolvenza. Tali pagine sono state scritte con l'intento di fornire una guida sintetica e chiara per chi si trova a gestire la propria impresa in cattive acque.

Ovviamente questo corso, da solo, non è sufficiente a far raggiungere i risultati sperati: occorre individuare la giusta strategia e perseguirla con impegno e determinazione.

Come si vedrà più avanti, la crisi costituisce un momento di seria difficoltà nella vita dell'impresa e solo se si sapranno fare per tempo le giuste scelte e solo se le si porterà avanti con perseveranza, lucidità e decisione si riuscirà nell'obiettivo di evitare il fallimento. In bocca al lupo!

CAPITOLO 1:

Che cosa è il fallimento

Prima di addentrarsi a illustrare quali siano le migliori strategie per salvare la propria impresa dal fallimento, occorre, ovviamente, spiegare che cosa è. Il fallimento è una procedura giudiziaria mediante la quale viene gestita l'insolvenza dell'impresa che, a causa della sua crisi, non è più in grado di soddisfare i propri creditori con regolarità.

La disciplina del fallimento è contenuta nel regio decreto n. 267 del 16 marzo 1942. Si tratta quindi di una normativa particolarmente datata, che è stata sottoposta a numerosi interventi di modifica, gli ultimi dei quali sono intervenuti con i decreti legislativi n. 5 del 9 gennaio 2006 e n. 169 del 12 settembre 2007.

Con questi due ultimi interventi normativi si è cercato di adeguare la disciplina alle esigenze di un'economia moderna, eliminando quelle norme che ancora testimoniavano un periodo storico nel quale il fallimento era considerato un'infamia per il debitore (a esempio è stato abrogato il registro dei falliti, la cui iscrizione non consentiva al fallito di votare alle consultazioni politiche e amministrative).

Pertanto dal 2006 l'imprenditore in crisi si trova a disposizione un più nutrito numero di strumenti che lo possono aiutare a superare il momento di difficoltà.

SEGRETO n. 1: anche se la legge fallimentare è del 1942, le riforme del 2006 e del 2007 hanno introdotto nuove modalità per evitare la dichiarazione di fallimento.

Nel presente corso si forniranno tutte le informazioni necessarie affinché un imprenditore che si trovi in difficoltà possa assumere consapevolmente tutte le migliori decisioni per scongiurare il fallimento. Infatti il fallimento, anche al di fuori dei casi di frode, comporta comunque delle pesanti conseguenze per l'imprenditore.

A esempio, il curatore fallimentare (cioè colui che si occupa di gestire l'insolvenza nell'interesse dei creditori e viene nominato dal tribunale con la sentenza che dichiara il fallimento) deve acquisire e vendere tutti i beni presenti e futuri che si trovano o si troveranno nel patrimonio del debitore fallito e, con il ricavato della vendita, pagare i creditori (liquidazione dell'attivo fallimentare).

Addirittura l'imprenditore individuale (cioè l'imprenditore che non abbia costituito una società per lavorare, ma abbia una ditta individuale) non perderà solo i beni aziendali ma anche quelli personali (a esempio l'abitazione, se di proprietà). Stessa sorte tocca al socio di una società di persone (cioè di una società semplice, di una società in nome collettivo o di una società in accomandita semplice).

Al socio di una società di persone, infatti, è esteso automaticamente il fallimento della società, qualora sia un socio a responsabilità illimitata (e quindi la regola riguarda tutti i soci di una società semplice e di una società in nome collettivo e i soci accomandatari di una società in accomandita semplice).

SEGRETO n. 2: quando si apre il fallimento l'imprenditore viene spogliato di tutti i suoi beni, che vengono acquisiti dal curatore fallimentare perché siano venduti per pagare i creditori.

Inoltre il fallito:

- non può allontanarsi dalla sua residenza senza permesso del giudice delegato (cioè del giudice che il tribunale indica per sorvegliare e coordinare l'attività del curatore);
- deve presentarsi personalmente a questo, al curatore o al comitato dei creditori (composto da tre creditori ammessi allo stato passivo del fallimento e nominati dal giudice delegato) ogni qual volta sia chiamato;
- deve consegnare al curatore tutta la sua corrispondenza, anche elettronica, che riguardi l'azienda, mentre non è tenuto a consegnare quella a carattere privato;
- non può essere nominato amministratore o sindaco di una società;
- non può più emettere assegni.

SEGRETO n. 3: l'imprenditore che fallisce non può allontanarsi dalla sua residenza senza permesso del giudice, deve consegnare la posta al curatore, non può essere nominato amministratore o sindaco di una società e non può più emettere assegni.

Alle conseguenze sopra ricordate è innegabile che se ne aggiungano altre di ordine "morale", derivanti dal discredito che, come già osservato, ancora oggi porta con sé l'apertura di un fallimento a carico del debitore. Da qui la necessità di conoscere tutte le opportunità che la legge offre per risolvere la crisi d'impresa senza giungere al fallimento.

Di recente è stata emanata una nuova disciplina (legge n. 3 del 27 gennaio 2012) che ha introdotto nuovi strumenti di composizione della crisi, applicabili agli imprenditori non soggetti alle procedure fallimentari (cioè ai piccoli imprenditori). Si tratta di una nuova possibilità di gestione della crisi per tutti coloro che, a causa delle loro ridotte dimensioni, non possono essere assoggettati alla legge fallimentare e quindi non sarà trattata in questo corso.

RIEPILOGO DEL CAPITOLO 1:

- SEGRETO n. 1: anche se la legge fallimentare è del 1942, le recenti riforme del 2006 e del 2007 hanno introdotto nuove modalità per evitare la dichiarazione di fallimento.
- SEGRETO n. 2: quando si apre il fallimento l'imprenditore viene spogliato di tutti i suoi beni, che vengono acquisiti dal curatore fallimentare perché siano venduti per pagare i creditori.
- SEGRETO n. 3: l'imprenditore che fallisce non può allontanarsi dalla sua residenza senza permesso del giudice, deve consegnare la posta al curatore, non può essere nominato amministratore o sindaco di una società e non può più emettere assegni.

CAPITOLO 2:
Come, quando e perché si fallisce

Prima di procedere, occorre capire chi può fallire e in presenza di quali condizioni. Innanzitutto, può essere dichiarato fallito l'imprenditore che eserciti un'attività commerciale. Non può essere dichiarato fallito un ente pubblico.

In ogni caso non possono fallire:

- i piccoli imprenditori;
- i consumatori;
- i lavoratori dipendenti;
- i liberi professionisti.

Per questi soggetti è stata di recente emanata un'apposita procedura di composizione delle crisi da sovraindebitamento, cioè sostanzialmente una procedura fallimentare per i privati.

Ma che cosa intende la legge per imprenditore commerciale? Innanzitutto occorre scomporre i due termini:

- imprenditore: è colui che esercita professionalmente un'attività economica organizzata al fine della produzione o dello scambio di beni o servizi;
- commerciale: è l'imprenditore che, diversamente da quello agricolo, esercita un'attività industriale, di intermediazione nella circolazione dei beni, di trasporto, bancaria, finanziaria, assicurativa o ausiliaria rispetto a queste.

SEGRETO n. 4: non tutti gli imprenditori possono fallire: possono fallire solo gli imprenditori commerciali, non quelli agricoli.

Chiarito chi può essere dichiarato fallito, occorre vedere quando si può fallire. È infatti necessario ma non sufficiente essere un imprenditore commerciale per essere dichiarato fallito. Con la riforma del 2006-2007 sono richieste anche delle particolari dimensioni dell'impresa.

Pertanto, l'imprenditore commerciale per essere dichiarato fallito deve:

- aver avuto, nei tre esercizi antecedenti la data di deposito dell'istanza di fallimento o dall'inizio dell'attività se di durata inferiore, un attivo patrimoniale di ammontare complessivo annuo superiore a euro 300mila;
- aver realizzato, nei tre esercizi antecedenti la data di deposito dell'istanza di fallimento o dall'inizio dell'attività se di durata inferiore, ricavi lordi per un ammontare complessivo annuo superiore a euro 200mila;
- avere un ammontare di debiti anche non scaduti superiore a euro 500mila.

Quindi, se l'imprenditore commerciale non possiede e non ha posseduto negli ultimi tre esercizi anche uno solo di questi requisiti non può essere dichiarato fallito.

È importante sapere che:

- per attivo patrimoniale si intende tutto ciò che nel bilancio di una società si trova a destra dello stato patrimoniale sotto la colonna "attivo", con la sola esclusione dei ratei e risconti;

- per ricavi lordi si intendono i ricavi tipici che derivano dalle vendite o dalle prestazioni dell'impresa al lordo delle imposte;
- per debiti anche non scaduti si intendono i debiti sia con termine di pagamento già scaduto sia quelli che debbono ancora scadere.

SEGRETO n. 5: per non fallire l'imprenditore deve, negli ultimi tre esercizi, avere un attivo patrimoniale inferiore a euro 300mila, oppure ricavi lordi per un ammontare annuo inferiore a euro 200mila, oppure debiti anche non scaduti non superiori a euro 500mila.

La dichiarazione di fallimento può scaturire da un'istanza:

- di qualsiasi creditore che non abbia ottenuto il pagamento del proprio credito;
- dello stesso debitore per evitare che si aggravi il dissesto;
- del pubblico ministero se l'insolvenza risulta in sede di giudizio penale o civile (in questo caso segnalata dal giudice).

Perché il fallimento sia dichiarato deve emergere l'insolvenza del debitore, cioè l'incapacità di adempiere con regolarità alle proprie obbligazioni e, quindi, ai debiti che ha assunto. L'insolvenza si può manifestare in molti modi: a esempio, mediante pagamenti ritardati o parziali oppure effettuati con mezzi anomali (a esempio mediante la consegna di una cosa anziché del denaro); l'elevazione di numerosi protesti; l'esistenza di numerosi decreti ingiuntivi e/o di pignoramenti; l'irreperibilità del debitore; lo sfratto per morosità della sede dell'impresa; la revoca o il rifiuto dei fidi bancari.

In ogni caso non viene dichiarato il fallimento se dall'istruttoria prefallimentare davanti al Tribunale, cioè dai documenti depositati dal creditore, risulta che l'ammontare dei debiti scaduti e non pagati è complessivamente inferiore a euro 30mila, e ciò anche se il debitore è insolvente.

Pertanto il creditore che vuole ottenere il fallimento di un proprio debitore dovrà dimostrare che questi ha debiti scaduti e non pagati per un importo di almeno 30mila euro. Tale prova potrà essere fornita mediante: l'ammontare del credito vantato per il quale si chiede il fallimento; il deposito del bollettino dei protesti; il bilancio della società debitrice ecc.

SEGRETO n. 6: il fallimento non può essere dichiarato per uno o più crediti vantati verso il debitore per importi complessivamente non superiori a euro 30mila.

Ora che si è analizzato il come e il quando, occorre approfondire il perché si fallisce. Infatti, il termine insolvenza è un termine generico che sta a indicare la crisi d'impresa che conduce al fallimento. In termini pratici questa crisi si evidenzia solitamente in ragione di una o più cause esterne e interne.

Le cause esterne sono di solito:

- cause macro-economiche come a esempio l'attuale crisi economico-finanziaria, il *credit crunch* bancario, la lentezza della giustizia civile, le novità legislative sfavorevoli, l'imposizione fiscale penalizzante ecc.;
- cause catastrofiche quali disastri climatici o tellurici, guerre, attacchi terroristici ecc.;
- cause dello specifico settore dove opera l'impresa: alterazione degli equilibri concorrenziali, diminuzione della domanda o sovrapproduzione, eliminazione di barriere doganali (a esempio nel mercato unico) ecc.

Le cause interne sono di solito:

- cause di strategia aziendale, come nel caso di errate valutazioni e programmazioni sul medio/lungo periodo degli investimenti in nuovi settori commerciali;
- cause dovute al posizionamento sul mercato e al decadimento dei prodotti, come nell'ipotesi di scelte errate dei mercati, perdita di capacità attrattiva del *brand*, mancato rinnovamento del prodotto ecc.;
- cause dimensionali, che possono comportare una sovrapproduzione a fronte di una carenza di pianificazione e di una diminuzione non prevista della domanda;
- cause legate alle inefficienze, che conducono l'impresa ad avere costi operativi maggiori rispetto a quelli di mercato;
- cause dovute allo squilibrio finanziario e patrimoniale generato da un eccesso di mezzi finanziari prestati da terzi (le banche) rispetto a quelli propri dell'impresa e da un'alterazione del rapporto tra attivo e passivo.

Tali cause possono condurre a un livello di crisi dell'impresa più o meno grave, che quindi richiederà interventi più o meno complessi per il suo salvataggio. Al fine di intervenire per tempo ed evitare che la crisi diventi nei fatti irreversibile occorre poterla gestire e quindi avviare un processo di riposizionamento dell'impresa rispetto al mercato.

Per fare questo ovviamente occorre che tutti coloro che rivestono nell'impresa una posizione di rilievo pongano in essere tutte le misure di correzione, con l'avvertenza che – in caso di successivo fallimento dovuto alla mancata assunzione di dette misure – questi potrebbero essere chiamati a risponderne civilmente e penalmente.

È quindi fondamentale che coloro che hanno la responsabilità dell'impresa (l'imprenditore individuale, l'amministratore unico o il consiglio di amministrazione della società) prestino adeguata attenzione a:

- promuovere scelte gestionali coerenti e giustificabili;
- redigere la contabilità aziendale in modo corrispondente al vero;
- controllare l'operato della dirigenza;
- conservare il patrimonio;
- controllare le perdite di capitale.

Nelle imprese di più grandi dimensioni anche coloro che sono preposti al controllo (i sindaci e le società di revisione) dovranno prestare particolare attenzione nello svolgere i propri compiti.

SEGRETO n. 7: per gestire adeguatamente la crisi di impresa occorre che chi ne ha la responsabilità e il controllo presti particolare attenzione alle scelte gestionali, alla contabilità, alla conservazione del patrimonio e del capitale.

RIEPILOGO DEL CAPITOLO 2:

- SEGRETO n. 4: non tutti gli imprenditori possono fallire: possono fallire solo gli imprenditori commerciali, non quelli agricoli.
- SEGRETO n. 5: per non fallire l'imprenditore deve, negli ultimi tre esercizi, avere un attivo patrimoniale inferiore a euro 300mila, oppure ricavi lordi per un ammontare annuo inferiore a euro 200mila, oppure debiti anche non scaduti non superiori a euro 500mila.
- SEGRETO n. 6: il fallimento non può essere dichiarato per uno o più crediti vantati verso il debitore per importi complessivamente non superiori a euro 30mila.
- SEGRETO n. 7: per gestire adeguatamente la crisi di impresa occorre che chi ne ha la responsabilità e il controllo presti particolare attenzione alle scelte gestionali, alla contabilità, alla conservazione del patrimonio e del capitale.

CAPITOLO 3:
Come fare quando arriva la crisi

Si è spiegato, nel capitolo precedente, chi può fallire, quando questo può accadere e le ragioni che solitamente conducono alla crisi che porta al fallimento. Che cosa si può fare, però, quando la crisi si è comunque manifestata? Esistono in questo caso delle soluzioni che possono agevolare il risanamento dell'impresa ed evitare il fallimento.

Qualunque sia la soluzione scelta, è di fondamentale importanza che sia individuata velocemente, in quanto il fattore tempo è un aspetto molto importante sia quando la crisi dell'impresa si manifesta, sia quando essa si aggrava.

Un errore che spesso compie l'imprenditore è quello di non intervenire tempestivamente non appena i segnali della crisi divengano chiari. Chi naviga in cattive acque spesso ha la speranza che "resistendo" arrivino tempi migliori e la crisi passi.

In realtà, così come la crisi è conseguenza non solo di fattori esterni ma anche e soprattutto di fattori interni all'impresa (come spiegato nel capitolo 1), allo stesso modo le soluzioni alla crisi sono frutto della scelta dell'imprenditore. La crisi dell'impresa non si risolve da sola!

È quindi fondamentale che si agisca con tempestività: questo consentirà all'imprenditore di trovare la soluzione migliore e meno invasiva in termini di costi.

SEGRETO n. 8: nella crisi di impresa è fondamentale il fattore tempo, cioè intervenire con tempestività non appena se ne evidenziano i segni. In tal modo si potrà trovare la soluzione migliore e meno invasiva in termini di costi per l'impresa.

Tali soluzioni sono essenzialmente riconducibili a due categorie. La prima riguarda gli strumenti che non necessitano dell'intervento del giudice e sono infatti detti soluzioni stragiudiziali.

La seconda, invece, ricomprende tutte quelle soluzioni che comportano il ricorso al tribunale e che sono dette quindi giudiziali.

Le soluzioni stragiudiziali della crisi sono:

- il risanamento interno all'impresa;
- gli accordi con i creditori;
- i piani attestati.

Le soluzioni giudiziali della crisi sono:

- gli accordi di ristrutturazione dei debiti;
- il concordato preventivo;
- la transazione fiscale.

Queste soluzioni non sono necessariamente alternative le une rispetto alle altre e anzi, solitamente accade che esse, o alcune di esse, siano utilizzate una dopo l'altra. Così l'imprenditore, al presentarsi della crisi, inizierà col valutare e realizzare un piano interno di riorganizzazione aziendale, per poi passare a stipulare un accordo stragiudiziale con i propri creditori e, se anche questo non funziona, proporrà ai creditori un concordato preventivo.

Ovviamente, come già spiegato, l'anticipare il più possibile le soluzioni della crisi significa risparmiare sui costi, non solo economici, ma anche psicologici, necessari per il risanamento.

SEGRETO n. 9: quando l'imprenditore si trova di fronte alla crisi della propria azienda può ricorrere a varie soluzioni, che possono essere utilizzate anche una dopo l'altra.

Fondamentale, quando l'imprenditore si trova di fronte alla crisi della propria azienda, è farsi assistere da consulenti professionalmente preparati. Infatti, normalmente l'imprenditore, anche quello "bravo", non ha le conoscenze tecniche (giuridiche e aziendali) necessarie per individuare e poi applicare le soluzioni migliori per risolvere i problemi aziendali.

I consulenti (chiamati, nei casi di imprese di elevate dimensioni, *advisor*), che non debbono mai mancare accanto all'imprenditore che si trova ad affrontare la crisi della propria azienda, sono l'avvocato e il commercialista.

L'avvocato è necessario per individuare le soluzioni previste dalla legge che meglio possano fronteggiare la crisi che l'impresa si trova ad affrontare. Il commercialista non deve mancare perché è colui che meglio conosce o che comunque sa comprendere "i conti" dell'impresa ed è in grado di assistere l'imprenditore sotto l'aspetto contabile e aziendale.

Attenzione, però, a rivolgervi a professionisti che abbiano esperienza nel settore e che abbiamo le seguenti caratteristiche, necessarie al buon fine dell'intervento:

- l'efficienza della struttura della quale si avvalgono (dimensioni dello studio professionale, strumenti informatici ecc.);
- l'indipendenza, affinché non sorgano conflitti di interesse rispetto ai creditori (come potrebbe accadere se, a esempio, l'avvocato avesse come cliente la medesima banca con la quale deve negoziare il debito per conto dell'imprenditore in crisi);
- la flessibilità, cioè la capacità di adeguarsi con rapidità al mutare delle situazioni nel percorso che conduce al risanamento.

Infatti il diritto fallimentare è un diritto tutto particolare e non è detto che tutti gli avvocati e i commercialisti lo conoscano, o vi abbiano avuto a che fare nella loro esperienza professionale, e che quindi siano in grado di fronteggiare tutte le evenienze (di solito critiche) che si presentano in una situazione di forte indebitamento dell'impresa.

Ci si deve quindi affidare a degli esperti del settore, al fine di evitare che la mancanza di pratica possa comportare scelte strategiche, se non addirittura errori, che possano compromettere irrimediabilmente il buon esito del risanamento.

SEGRETO n. 10: l'imprenditore che si trovi ad affrontare la crisi della propria azienda deve sempre chiedere consulenza a un avvocato e a un commercialista che siano esperti del settore e lo aiutino a trovare la migliore soluzione.

Pertanto l'imprenditore dovrà preventivamente informarsi su chi siano, tra gli avvocati e i commercialisti della propria città, gli esperti "fallimentaristi". Oltre al classico passaparola, l'imprenditore potrà fare ricerche sul web per individuare l'esperto da consultare, verificandone gli incarichi ricevuti da altre società, la pubblicazione di saggi nella specifica materia, la partecipazione a convegni ecc.

Solitamente gli esperti sono tali perché svolgono la loro attività professionale all'interno della sezione fallimentare del tribunale locale, svolgendo gli incarichi ricevuti dal tribunale fallimentare e in particolare dal giudice delegato (del quale si è detto prima) quali curatori o commissari.

Rivolgersi a tali professionisti significa non solo ricevere una consulenza specialistica, ma anche poter contare sul fatto che questi ultimi avranno maggiore facilità di accesso al tribunale, perché conosciuti dai cancellieri, dai giudici e dagli altri curatori e commissari, cosa che può essere di fondamentale importanza soprattutto in termini di tempo e di fluidità della modalità di risanamento.

RIEPILOGO DEL CAPITOLO 3:

- SEGRETO n. 8: nella crisi di impresa è fondamentale il fattore tempo, cioè intervenire con tempestività non appena se ne evidenziano i segni. In tal modo si potrà trovare la soluzione migliore e meno invasiva in termini di costi per l'impresa.
- SEGRETO n. 9: quando l'imprenditore si trova di fronte alla crisi della propria azienda può ricorrere a varie soluzioni, che possono essere utilizzate anche una dopo l'altra.
- SEGRETO n. 10: l'imprenditore che si trovi ad affrontare la crisi della propria azienda deve sempre chiedere consulenza a un avvocato e a un commercialista che siano esperti del settore e lo aiutino a trovare la migliore soluzione.

CAPITOLO 4:
Come risolvere la crisi senza il giudice

Si è visto nel capitolo precedente che le soluzioni della crisi a carattere stragiudiziale (che cioè non richiedono l'intervento del giudice) sono:

- il risanamento interno all'impresa;
- gli accordi con i creditori;
- i piani attestati.

In via generale, le ristrutturazioni stragiudiziali, quali che siano gli strumenti utilizzati per risolverle, hanno delle situazioni di partenza piuttosto ricorrenti:

- un'insolvenza, ancorché non conclamata con un patrimonio netto negativo;
- un elevato indebitamento, spesso in massima parte nei confronti del sistema creditizio;
- aziende (o rami d'azienda) che hanno ancora delle potenzialità sul piano industriale e possono riscuotere l'interesse di terzi;

- convergenza dell'interesse dell'imprenditore e dei creditori a evitare il fallimento.

Questi strumenti serviranno a:

- valorizzare al massimo grado le attività dell'azienda per consentire il rientro dell'esposizione verso i creditori, riducendo così il più possibile i costi di liquidazione;
- evitare che l'insolvenza aumenti per effetto di propagazione del panico nei creditori;
- evitare il rischio della dichiarazione di fallimento, attraverso l'eliminazione dello stato d'insolvenza;
- distinguere crediti garantiti o autoliquidanti dai crediti non garantiti, per una corretta ripartizione dei costi che derivano dall'insolvenza;
- consentire ai creditori la deducibilità fiscale della parte di credito rinunciata;
- delegare a un numero ristretto di soggetti gestione e controllo della fase di liquidazione.

SEGRETO n. 11: l'impresa che si trova in crisi può innanzitutto ricorrere a strumenti di risoluzione della crisi che non richiedono l'intervento del giudice.

La prima delle modalità per risolvere la crisi della propria impresa è rappresentata dal **risanamento interno**, al quale si può ricorrere quando l'ammontare dei debiti verso terzi non sia ancora di importo rilevante, cosicché i creditori possano essere pagati.

In altri termini il piano di risanamento è un intervento finalizzato a eliminare le criticità presenti, tramutandole in un *budget* volto a trasformare le inefficienze in fattori di competitività futura. Ciò dimostra, ancora una volta, l'importanza di agire con prontezza di fronte ai primi segnali della crisi.

Normalmente un piano di risanamento è suddiviso in:

- un piano industriale, nel quale vengono descritte le scelte che dovranno condurre a un riposizionamento dell'impresa sul mercato;

- un piano finanziario, nel quale si definisce la liquidità che sarà necessaria per il risanamento, indicandone le fonti (credito bancario, finanziamento dei soci, raccolta di capitali mediante emissioni di obbligazioni o di strumenti finanziari diversi).

Queste due componenti non possono mai mancare in un piano di risanamento, ma a esse potranno aggiungersi: un piano di salvataggio volto a evitare l'insolvenza nell'immediato, un piano di stabilizzazione a medio termine, o ancora un piano di sviluppo a medio-lungo termine.

Il piano di risanamento potrà essere realizzato nel concreto mediante uno o più dei seguenti interventi:

- riposizionamento sul mercato mediante cambio dell'attività tipica dell'impresa;
- riduzione delle spese;
- cessione di uno o più rami di azienda;
- cessione della proprietà della partecipazione sociale;
- cambiamento del *management*;
- aumento di capitale;
- quotazione in Borsa.

Gli interventi sopra ricordati potranno essere avviati scegliendo quello o quelli che più si adattano alle specifiche esigenze poste dal piano di risanamento.

SEGRETO n. 12: quando l'ammontare dell'esposizione debitoria dell'impresa non è ancora di importo rilevante, l'imprenditore può procedere ad avviare un piano di risanamento interno.

Il secondo strumento stragiudiziale di risoluzione della crisi è costituito dal raggiungimento di **accordi con i creditori**. Si tratta in realtà di una serie piuttosto varia di modalità, che hanno quale punto in comune il fatto di richiedere l'accordo dei creditori per divenire efficaci.

Tra le più frequenti modalità di attuazione di un accordo con i creditori, ci sono:

- le moratorie;
- le remissioni;
- i concordati stragiudiziali.

Innanzitutto, l'imprenditore in crisi può richiedere a ciascun creditore una dilazione nel pagamento dei propri debiti scaduti (moratoria dei pagamenti): in tale modo guadagna del tempo prezioso per cercare di risanare l'impresa, senza rischiare che uno o più creditori depositino in tribunale istanza di fallimento.

Spesso, accanto a una moratoria dei pagamenti, l'imprenditore può richiedere anche uno stralcio (di solito parziale) dell'ammontare del credito vantato dal singolo creditore e cioè una remissione (cioè la cancellazione) totale o parziale del debito.

Un'ulteriore modalità è quella del concordato stragiudiziale, cioè un contratto stipulato tra l'imprenditore in crisi e i creditori, con il quale si stabilisce uno stralcio sull'importo dei crediti vantati, di solito accompagnato da una dilazione nel pagamento del residuo importo rimasto.

La differenza è che il concordato è un contratto (cioè un accordo tra creditori e debitore), mentre le due altre modalità prevedono la sola dichiarazione di volontà dei creditori, senza la partecipazione del debitore.

Occorre però fare molta attenzione a questi strumenti perché, laddove non riuscissero a evitare il fallimento, potrebbero comportare per l'imprenditore il fatto di incorrere in un reato fallimentare (bancarotta) o per i creditori il vedersi revocati i pagamenti ricevuti.

Infatti, se tali strumenti non riescono a scongiurare il fallimento, il comportamento dell'imprenditore potrebbe integrare gli estremi del reato di bancarotta. Tale reato sussiste quando il fallito abbia pregiudicato gli interessi dei creditori rimasti comunque insoddisfatti o abbia preferito alcuni creditori ad altri, violando così una delle regole basilari del fallimento: tutti i creditori debbono essere trattati in modo eguale.

Ciò significa che tutti i creditori debbono essere pagati nelle medesime percentuali, essendo consentito solo pagare prima i creditori privilegiati (che abbiano cioè garanzie reali, come un pegno, un'ipoteca, o dei privilegi) rispetto ai creditori semplici (chiamati anche chirografari).

Qui di seguito si indicano due esempi utili per vedere come funziona tale meccanismo, ipotizzando che l'imprenditore in difficoltà abbia solo 1 milione di euro a disposizione.

Esempio 1:

Tipologia di credito	Ammontare del credito	Pagamento dal debitore
Privilegiato	500.000,00	per intero
Privilegiato	50.000,00	per intero
Privilegiato	450.000,00	per intero
Chirografario	1.500.000,00	non pagato

Esempio 2:

Tipologia di credito	Ammontare del credito	Pagamento dal debitore
Privilegiato	500.000,00	per intero
Chirografario	50.000,00	nella misura del 40%
Chirografario	300.000,00	nella misura del 40%
Chirografario	900.000,00	nella misura del 40%

SEGRETO n. 13: un secondo strumento di risanamento stragiudiziale della crisi è rappresentato dalla serie di accordi che possono intervenire tra debitore e creditori e che riguardano una dilazione del pagamento e/o un suo parziale stralcio.

L'ultimo degli strumenti che possono essere utilizzati per risolvere in via stragiudiziale la crisi è costituito dai **piani attestati**, introdotti recentemente nella legge fallimentare. I piani attestati infatti sono esentati dalle azioni revocatorie.

Si tratta di giudizi che il curatore fallimentare può avviare per recuperare gli importi derivanti da pagamenti effettuati dall'imprenditore quando non era ancora stato dichiarato fallito, ma era già in un evidente stato di insolvenza.

Questo perché, come è stato detto, il fallimento ha quale obiettivo quello di pagare tutti i creditori (appartenenti a una medesima categoria: privilegiati o chirografari) con la stessa percentuale, evitando che alcuni possano essere pagati di più rispetto ad altri.

La legge prevede, infatti, che gli atti (ad esempio un contratto di finanziamento) e i pagamenti (ma anche le garanzie concesse su beni del debitore), purché posti in essere in esecuzione di un piano che appaia idoneo a consentire il risanamento dell'esposizione debitoria dell'impresa e ad assicurare il riequilibrio della situazione finanziaria e la cui ragionevolezza sia attestata da un esperto, non siano sottoposti a revocatoria e cioè non siano dichiarati inefficaci nei confronti del successivo eventuale fallimento.

Quindi l'imprenditore in crisi potrà ricorrere a un piano di risanamento, che preveda il pagamento dei creditori in modo dilazionato e/o parziale, senza correre il rischio di assoggettare i creditori che vi abbiano aderito al pericolo di vedersi revocati i pagamenti ricevuti. In tal modo i creditori sono incentivati a aderire al piano di risanamento.

Il piano predisposto dall'imprenditore in crisi, per avere l'effetto sopra indicato, deve però essere attestato da un esperto. Quindi il piano di risanamento predisposto dovrà essere accompagnato da una relazione di un esperto, scelto e nominato dall'imprenditore stesso tra coloro che sono iscritti nell'albo dei revisori dei conti (normalmente commercialisti o avvocati), il quale attesti che il piano sia ragionevole, cioè sia in grado di condurre al risanamento.

È fondamentale che l'imprenditore fornisca all'esperto tutte le informazioni richieste in modo completo e veritiero, perché gli sia consentito di redigere una relazione il più possibile completa ed esaustiva.

SEGRETO n. 14: l'imprenditore, al fine di invogliare i creditori a aderire al piano di risanamento predisposto, può far attestare la sua ragionevolezza da un revisore contabile.

RIEPILOGO DEL CAPITOLO 4:

- SEGRETO n. 11: l'impresa che si trova in crisi può innanzitutto ricorrere a strumenti di risoluzione della crisi che non richiedono l'intervento del giudice.
- SEGRETO n. 12: quando l'ammontare dell'esposizione debitoria dell'impresa non è ancora di importo rilevante, l'imprenditore può procedere ad avviare un piano di risanamento interno.
- SEGRETO n. 13: un secondo strumento di risanamento stragiudiziale della crisi è rappresentato dalla serie di accordi che possono intervenire tra debitore e creditori e che riguardano una dilazione del pagamento e/o un suo parziale stralcio.
- SEGRETO n. 14: l'imprenditore, al fine di invogliare i creditori a aderire al piano di risanamento predisposto, può far attestare la sua ragionevolezza da un revisore contabile.

CAPITOLO 5:

Come risolvere la crisi ricorrendo al giudice

Accanto agli strumenti stragiudiziali per la risoluzione della crisi dell'impresa, esistono delle modalità che prevedono, invece, l'intervento del tribunale:

- gli accordi di ristrutturazione;
- il concordato preventivo;
- la transazione fiscale.

SEGRETO n. 15: l'impresa può ricorrere anche a strumenti di risoluzione della crisi che coinvolgano il tribunale.

Il primo di questi strumenti, l'**accordo di ristrutturazione**, viene predisposto dall'imprenditore che intenda ridurre il debito nei confronti dei creditori. L'imprenditore può concludere un accordo con i creditori che rappresentino almeno il 60% dei crediti, pattuendo una modalità di pagamento che preveda la dilazione e/o lo stralcio (cioè il pagamento parziale) dei crediti vantati.

Quindi, se l'imprenditore ha un'esposizione debitoria complessiva di 500mila euro, sarà sufficiente che raggiunga l'accordo di ristrutturazione del proprio debito con un numero di creditori che abbiano complessivamente almeno 300mila euro di crediti.

L'imprenditore, una volta raggiunto l'accordo, dovrà chiedere a un esperto, iscritto all'albo dei revisori dei conti, una relazione sulla fattibilità del piano e in particolare sulla capacità del piano di soddisfare i creditori che non abbiano aderito all'accordo.

L'imprenditore, poi, dovrà depositare l'accordo accompagnato da:

- la relazione dell'esperto;
- un'aggiornata relazione sulla situazione patrimoniale, economica e finanziaria dell'impresa;
- uno stato analitico (quindi specifico e completo) ed estimativo (cioè contenente l'indicazione del valore) delle attività;
- l'elenco nominativo dei creditori, con l'indicazione dei rispettivi crediti e delle cause di prelazione (specificando se si tratta di creditori con pegno, ipoteca o privilegio);

- l'elenco dei titolari dei diritti reali (a esempio un diritto di usufrutto) o personali (a esempio un contratto di locazione) su beni di proprietà o in possesso del debitore;
- l'indicazione del valore dei beni e dei creditori particolari degli eventuali soci illimitatamente responsabili (nel caso l'impresa sia costituita da una società di persone).

L'accordo deve essere quindi pubblicato nel registro delle imprese (si tratta di un registro tenuto dalla locale Camera di commercio e accessibile a tutti, dove sono annotate tutte le imprese con le informazioni più importanti che le riguardano), affinché divenga efficace. Dalla data di pubblicazione e per i successivi 60 giorni i creditori non possono proporre pignoramenti o sequestri sul patrimonio aziendale.

Entro 30 giorni dall'avvenuto deposito dell'accordo nel registro delle imprese, i creditori che non abbiano accettato l'accordo o siano a esso estranei e chiunque altro vi abbia interesse possono proporre opposizione dinanzi al tribunale del luogo ove l'impresa ha la sede principale.

Se non vi sono state opposizioni o queste sono state decise favorevolmente all'imprenditore che ha proposto l'accordo, questo deve essere depositato anche presso il tribunale.

Il tribunale dovrà prima verificare che l'imprenditore abbia osservato le condizioni di legge e la proposta di ristrutturazione sia concretamente realizzabile, poi provvedere a omologare tale accordo con un provvedimento che dovrà essere depositato anch'esso nel registro delle imprese.

SEGRETO n. 16: l'imprenditore in crisi può stipulare un accordo con i creditori che abbiano almeno il 60% dei crediti. Tale accordo, se accompagnato dalla relazione di un esperto e omologato dal tribunale, consente il blocco di pignoramenti e sequestri per 60 giorni.

Il secondo degli strumenti giudiziali per risolvere la crisi di impresa è il **concordato preventivo**, cioè un accordo raggiunto con la maggioranza dei creditori sotto la sorveglianza del tribunale.

Si tratta di uno strumento importantissimo per l'imprenditore in crisi e, se utilizzato con tempismo, può evitare il fallimento. Infatti questa procedura consente all'imprenditore di stipulare un accordo con i creditori che rappresentino la maggioranza dei crediti, per pagare in percentuale quanto dovuto sotto la sorveglianza del tribunale e con effetti anche nei confronti di tutti gli altri creditori che non abbiano approvato l'accordo.

Esso può essere utilizzato anche quando sia stata già presentata un'istanza di fallimento, in quanto si ritiene che, in presenza delle due istanze (di fallimento e di concordato preventivo), il tribunale debba prima vagliare la proposta di concordato. Quest'ultima infatti ha proprio la funzione di prevenire la dichiarazione di fallimento, mediante la soluzione della crisi prevista nel piano di ristrutturazione dei debiti.

SEGRETO n. 17: l'imprenditore in crisi può proporre ai creditori un concordato (cioè un accordo) che prevenga la dichiarazione di fallimento, anche quando c'è già un'istanza depositata in tribunale.

Anche se la proposta di concordato preventivo può essere depositata in presenza di un'istanza di fallimento, è comunque importante che la decisione di proporre un accordo a tutti i propri creditori sia presa tempestivamente, quando la crisi comincia ad affacciarsi.

Nella pratica, infatti, predisporre un concordato non è una cosa da poco, come si vedrà meglio nel capitolo successivo. Questo perché non solo l'imprenditore di solito ha scarsità di risorse finanziarie, ma anche perché occorre scegliere la modalità migliore per soddisfare i creditori e predisporre in modo ineccepibile la numerosa documentazione richiesta dalla legge al momento del deposito della proposta.

SEGRETO n. 18: è fondamentale che l'imprenditore in crisi proponga il concordato preventivo non appena la crisi si manifesta.

Oltre al concordato con tutti i creditori, una recente novità consente all'imprenditore di proporre la transazione fiscale all'Agenzia delle Entrate o al competente agente della riscossione.

Quindi l'imprenditore che proponga un concordato preventivo o un accordo di ristrutturazione ai suoi creditori può dilazionare e, alle condizioni che si indicheranno di seguito, stralciare il proprio debito con il fisco.

Nel piano che presenta insieme con la domanda di concordato preventivo o nel corso delle trattative finalizzate al raggiungimento dell'accordo di ristrutturazione, l'imprenditore può richiedere il pagamento dilazionato:

- anche parziale dei tributi gestiti dalle agenzie fiscali (IRPEF, IRAP, IRES) e dei relativi accessori (cioè gli interessi e le sanzioni);
- anche parziale dei contributi previdenziali (a esempio INPS, INAIL, ENASARCO) e dei relativi accessori;
- dell'IVA e delle ritenute operate e non versate.

SEGRETO n. 19: un imprenditore che proponga un concordato preventivo o un accordo di ristrutturazione può anche chiedere al fisco di dilazionare e, in certi casi, anche stralciare il pagamento delle pendenze fiscali e contributive e delle ritenute non versate.

Poiché la predisposizione della documentazione necessaria e lo svolgimento della procedura che conduce alla transazione fiscale sono complessi, è assolutamente indispensabile che l'imprenditore sia affiancato da un avvocato e da un commercialista, al fine di proporre una transazione che il fisco non possa rifiutare.

La richiesta deve essere presentata, completa di tutta la documentazione necessaria, al competente ufficio dell'Agenzia delle Entrate e al competente Agente della riscossione, contemporaneamente al deposito in tribunale.

Successivamente l'Agenzia delle Entrate e l'Agente della riscossione trasmettono all'imprenditore/contribuente una certificazione attestante il complessivo debito tributario. Infine, la proposta viene valutata e, a insindacabile giudizio del fisco, può essere accolta o respinta.

SEGRETO n. 20: nella transazione fiscale, vista la complessità e la delicatezza della procedura, l'imprenditore deve essere affiancato da un avvocato e da un commercialista.

RIEPILOGO DEL CAPITOLO 5:

- SEGRETO n. 15: l'impresa può ricorrere anche a strumenti di risoluzione della crisi che coinvolgano il tribunale.
- SEGRETO n. 16: l'imprenditore in crisi può stipulare un accordo con i creditori che abbiano almeno il 60% dei crediti. Tale accordo, se accompagnato dalla relazione di un esperto e omologato dal tribunale, consente il blocco di pignoramenti e sequestri per 60 giorni.
- SEGRETO n. 17: l'imprenditore in crisi può proporre ai creditori un concordato (cioè un accordo) che prevenga la dichiarazione di fallimento, anche quando c'è già un'istanza depositata in tribunale.
- SEGRETO n. 18: è fondamentale che l'imprenditore in crisi proponga il concordato preventivo non appena la crisi si manifesta.
- SEGRETO n. 19: un imprenditore che proponga un concordato preventivo o un accordo di ristrutturazione può anche chiedere al fisco di dilazionare e, in certi casi, anche stralciare il pagamento delle pendenze fiscali e contributive e delle ritenute non versate.

- SEGRETO n. 20: nella transazione fiscale, vista la complessità e la delicatezza della procedura, l’imprenditore deve essere affiancato da un avvocato e da un commercialista.

CAPITOLO 6:
Come proporre il concordato preventivo

Come indicato al capitolo precedente, il concordato preventivo consiste in un accordo raggiunto dall'imprenditore con i creditori che rappresentano la maggioranza dei crediti, sotto la sorveglianza del tribunale. La procedura è piuttosto complessa e merita, quindi, un intero capitolo di approfondimento.

Il principale motivo per cui l'imprenditore in crisi deve essere tempestivo nel presentare la domanda di concordato è che, dal momento della sua presentazione, ai creditori è impedito di promuovere pignoramenti sul patrimonio del debitore e vengono altresì sospese le eventuali istanze di fallimento depositate.

SEGRETO n. 21: la presentazione della domanda di concordato impedisce ai creditori di promuovere pignoramenti sul patrimonio del debitore e sospende le eventuali istanze di fallimento depositate.

Il concordato preventivo comporta per l'imprenditore la presentazione di una proposta di accordo sull'insieme dei debiti accumulati sino a quel momento, sulla base di un piano che deve prevedere e indicare le soluzioni alla crisi.

Quindi l'imprenditore in crisi può proporre ai creditori un concordato preventivo sulla base di un piano che può prevedere:

- la ristrutturazione dei debiti e la soddisfazione dei crediti attraverso qualsiasi forma;
- la cessione degli attivi dell'impresa interessata dalla proposta di concordato a un assuntore;
- la suddivisione dei creditori in classi secondo posizione giuridica e interessi economici omogenei;
- trattamenti differenziati tra creditori appartenenti a classi diverse.

L'accordo, che l'imprenditore può proporre ai suoi creditori, potrà prevedere:

- il pagamento dei creditori in misura ridotta e mediante sistemi diversi da quelli del denaro come, a esempio, la cessione di beni;

- la cessione dei beni aziendali a un terzo soggetto (chiamato assuntore, che potrà essere anche uno dei creditori o una società da questo partecipata o costituita *ad hoc*) che si impegnerà a pagare i creditori nella percentuale concordata;
- la possibilità di suddividere i creditori in classi diverse con trattamenti diversi per quanto riguarda il pagamento (a esempio, classe delle banche, classe dei fornitori ecc.).

Ovviamente la previsione di classi non può andare contro la regola che si è indicata al capitolo 3, secondo la quale i creditori privilegiati debbono essere soddisfatti con preferenza su tutti gli altri creditori.

SEGRETO n. 22: la proposta di concordato implica la presentazione ai creditori di un piano che potrà prevedere non solo il pagamento, ma anche la cessione di beni a un terzo soggetto e la suddivisione dei creditori in classi, con diverse percentuali di pagamento.

Come si è già accennato, dalla data della presentazione della domanda e fino al momento in cui il decreto di omologazione del concordato preventivo diventa definitivo (v. di seguito), i creditori anteriori non possono iniziare o proseguire pignoramenti sul patrimonio del debitore.

Il concordato preventivo consta di numerose fasi (si parla infatti di "procedura di concordato preventivo"). La procedura inizia con la presentazione della domanda, con l'ausilio di un avvocato, alla sezione fallimentare del tribunale ove si trova la sede principale dell'impresa. Bisogna allegare:

- un'aggiornata relazione sulla situazione patrimoniale, economica e finanziaria dell'impresa;
- uno stato analitico ed estimativo delle attività e l'elenco nominativo dei creditori, con l'indicazione dei rispettivi crediti e delle cause di prelazione;
- l'elenco dei titolari dei diritti reali o personali su beni di proprietà o in possesso del debitore;
- il valore dei beni e i creditori particolari degli eventuali soci illimitatamente responsabili;
- il tutto accompagnato dalla relazione di un revisore dei conti che attesti la veridicità dei dati aziendali e la fattibilità del piano medesimo.

Come visto, la domanda di concordato deve essere corredata da numerosi e complessi documenti e relazioni ed è per questo che è bene che l'imprenditore decida per tempo di ricorrervi.

SEGRETO n. 23: la presentazione della domanda di concordato preventivo necessita di numerosi e complessi documenti, che debbono essere quindi predisposti per tempo con l'ausilio di un avvocato.

Una volta depositata la domanda, il tribunale valuta se la domanda sia conforme alla legge e, in caso contrario, concede a chi l'ha presentata un termine di 15 giorni per apportare le necessarie integrazioni al piano e depositare nuovi documenti.

A questo punto si possono verificare due scenari. Se la verifica ha esito negativo, il tribunale può dichiarare il fallimento se richiesto da un creditore o dal pubblico ministero al quale viene trasmessa la domanda di concordato (nel processo civile il pubblico ministero partecipa quando è in gioco un interesse pubblico), sempre che sussistano i requisiti indicati al capitolo 1.

Se invece la verifica ha esito positivo, il tribunale:

- dichiara aperta la procedura di concordato preventivo e delega un giudice alla procedura di concordato;
- ordina la convocazione dei creditori a un'adunanza che si deve tenere non oltre trenta giorni dopo la data del provvedimento;
- nomina il commissario giudiziale;
- stabilisce il termine, non superiore a quindici giorni, entro il quale il ricorrente deve depositare nella cancelleria del tribunale la somma pari al 50% delle spese che si presumono necessarie per l'intera procedura, ovvero una somma diversa e minore, ma comunque non inferiore al 20% delle spese, che viene determinata dal giudice (attenzione: se l'imprenditore non deposita tale somma, il concordato preventivo viene revocato e l'imprenditore dichiarato fallito).

SEGRETO n. 24: dopo la presentazione dell'istanza di concordato, il tribunale verifica che sia conforme alla legge.

Il secondo aspetto positivo, che deve sempre consigliare, ove possibile, la presentazione di un concordato per risolvere la crisi dell'impresa, è che durante la procedura di concordato il debitore conserva l'amministrazione dei suoi beni e l'esercizio dell'impresa, sotto la vigilanza del commissario giudiziale. Il che significa che l'imprenditore può continuare a lavorare con la sua azienda.

L'imprenditore deve, però, essere autorizzato dal giudice delegato per compiere tutti gli atti che eccedono l'ordinaria amministrazione (come ad esempio, l'accensione di un mutuo, le transazioni, le alienazioni di beni immobili, le concessioni di ipoteche o di pegno, le fideiussioni, le rinunzie alle liti, le cancellazioni di ipoteche, le restituzioni di pegni, le accettazioni di eredità e di donazioni ecc.).

Viceversa tali atti sono considerati inefficaci rispetto ai creditori anteriori al concordato (cioè nei loro confronti è come se tali atti non fossero mai stati compiuti).

SEGRETO n. 25: durante la procedura di concordato, l'imprenditore in crisi continua a lavorare con la sua azienda, anche se per gli atti più importanti deve chiedere l'autorizzazione al giudice delegato.

A questo punto entra in gioco il commissario giudiziale nominato dal tribunale. È fondamentale instaurare sin da subito con questa persona un buon rapporto, fatto di collaborazione e disponibilità. Infatti le sorti del concordato dipendono in buona parte da ciò che relazionerà al giudice delegato e al tribunale.

Per prima cosa il commissario giudiziale procede alla verifica dell'elenco dei creditori e dei debitori con la scorta delle scritture contabili presentate, apportando le necessarie rettifiche, e convoca per iscritto i creditori alla data fissata dal provvedimento del tribunale, con indicazione delle proposte del debitore.

Il commissario giudiziale redige, poi, l'inventario del patrimonio del debitore (cioè predispone un verbale nel quale sono indicati tutti i beni aziendali) e una relazione particolareggiata sulle cause del dissesto, sulla condotta del debitore, sulle proposte di concordato e sulle garanzie offerte ai creditori. La relazione viene deposita in cancelleria almeno tre giorni prima dell'adunanza dei creditori.

È importante sapere che se il commissario giudiziale accerta che il debitore ha:

- occultato o dissimulato parte dell'attivo,
- dolosamente omesso di denunciare uno o più crediti,
- esposto debiti inesistenti,
- commesso altri atti di frode,

deve riferirne immediatamente al tribunale, il quale apre d'ufficio il procedimento per la revoca dell'ammissione al concordato, dandone comunicazione al pubblico ministero e ai creditori.

All'esito del procedimento di revoca, su istanza del creditore o su richiesta del pubblico ministero, accertati i presupposti che si sono indicati al capitolo 1, viene dichiarato il fallimento del debitore.

La revoca della procedura di concordato si ha ogni qual volta il debitore compie atti non autorizzati o comunque diretti a frodare le ragioni dei creditori, o se in qualunque momento risulta che manchino le condizioni prescritte per l'ammissibilità del concordato.

SEGRETO n. 26: l'imprenditore non deve tenere un comportamento fraudolento, altrimenti il concordato viene revocato e rischia il fallimento.

Qualora invece la relazione del commissario giudiziale sia positiva, si tiene l'adunanza (cioè un'udienza) dei creditori, presieduta dal giudice delegato e con l'intervento obbligatorio del debitore. Nell'adunanza dei creditori il commissario giudiziale illustra la sua relazione e le proposte definitive del debitore.

A seguito della discussione sulla domanda di concordato, alla quale partecipano i creditori e il debitore, si vota: il concordato viene approvato dai creditori che rappresentano la maggioranza dei crediti ammessi al voto e il maggior numero di classi, se previste.

Qui di seguito si indica un esempio utile per capire come funziona tale meccanismo, ipotizzando che l'imprenditore abbia un ammontare di debiti pari a 1 milione di euro.

Classi di creditori	**% sul totale dei creditori**	**Ammontare complessivo dei crediti**
privilegiati	25%	250.000,00
chirografari classe 1	35%	350.000,00
chirografari classe 2	40%	400.000,00

Il concordato sarà approvato, a esempio, nei seguenti due casi.

Caso 1:

Classi di creditori	**% sul totale dei creditori**	**Voto per l'approvazione del concordato**
privilegiati	25%	voto contrario della maggioranza
chirografari classe 1	35%	voto favorevole della maggioranza
chirografari classe 2	40%	voto favorevole della maggioranza

Caso 2:

Classi di creditori	**% sul totale dei creditori**	**Voto per l'approvazione del concordato**
privilegiati	25%	voto favorevole della maggioranza
chirografari – classe 1	35%	voto contrario della maggioranza
chirografari – classe 2	40%	voto favorevole della maggioranza

I creditori privilegiati votano solo se nella domanda di concordato è previsto il loro pagamento parziale. Quindi, se il debitore vuole escluderli dal voto, deve proporre un pagamento integrale di quanto spetta loro.

Ai fini del voto si tiene conto anche delle adesioni pervenute per telegramma, per lettera, per telefax o per posta elettronica nei venti giorni successivi alla chiusura dell'adunanza.

Se il concordato è stato approvato, il giudice delegato riferisce al tribunale, il quale fissa una camera di consiglio (cioè un'udienza a porte chiuse) per la comparizione delle parti e del commissario giudiziale.

SEGRETO n. 27: il concordato deve essere approvato dai creditori che rappresentano la maggioranza dei crediti ammessi al voto e il maggior numero di classi, se previste.

Se non sono proposte opposizioni, il tribunale omologa il concordato. Con l'omologazione, la procedura di concordato preventivo si chiude. Se, invece, sono state proposte opposizioni, il compito di decidere in merito spetta al tribunale.

Se il tribunale respinge il concordato a causa delle opposizioni, su istanza del creditore o su richiesta del pubblico ministero, accertati i presupposti indicati al capitolo 1, dichiara il fallimento del debitore.

Se il concordato prevede la cessione dei beni e non dispone diversamente, il tribunale nomina uno o più liquidatori e un comitato di tre o cinque creditori per assistere a tale cessione e determina, se necessario, le altre modalità della liquidazione.

Le vendite di aziende e rami di aziende, beni immobili e altri beni iscritti in pubblici registri (a esempio, un'automobile o uno yacht), nonché le cessioni di attività e passività dell'azienda, di beni o rapporti giuridici individuali in blocco devono essere autorizzate dal comitato dei creditori.

Il concordato omologato è obbligatorio per tutti i creditori anteriori al decreto di apertura della procedura di concordato, anche se hanno votato contro la proposta e anche se non hanno votato.

SEGRETO n. 28: una volta che il concordato è omologato dal tribunale diviene obbligatorio per tutti i creditori anteriori alla procedura, anche se hanno votato contro la proposta o non hanno votato.

Dopo l'omologazione del concordato, il commissario giudiziale ne sorveglia l'adempimento, secondo le modalità stabilite nella sentenza di omologazione del tribunale. Egli deve riferire al giudice ogni fatto dal quale possa derivare pregiudizio ai creditori.

Se il debitore non adempie a quanto previsto nel concordato, ciascuno dei creditori può richiedere la risoluzione del concordato per inadempimento. È quindi fondamentale valutare al momento della proposta la sostenibilità finanziaria dell'impegno che ci si assume con i creditori.

Infatti, se non si riesce a far fronte a tale impegno, i creditori non saranno disponibili a ulteriori sconti e il concordato sarà revocato, con possibile successiva dichiarazione di fallimento.

SEGRETO n. 29: se l'imprenditore non esegue quanto previsto nel concordato, rischia la revoca del concordato e il fallimento.

RIEPILOGO DEL CAPITOLO 6:

- SEGRETO n. 21: la presentazione della domanda di concordato impedisce ai creditori di promuovere pignoramenti sul patrimonio del debitore e sospende le eventuali istanze di fallimento depositate.
- SEGRETO n. 22: la proposta di concordato implica la presentazione ai creditori di un piano che potrà prevedere non solo il pagamento, ma anche la cessione di beni a un terzo soggetto e la suddivisione dei creditori in classi, con diverse percentuali di pagamento.
- SEGRETO n. 23: la presentazione della domanda di concordato preventivo necessita di numerosi e complessi documenti, che debbono essere quindi predisposti per tempo con l'ausilio di un avvocato.
- SEGRETO n. 24: dopo la presentazione dell'istanza di concordato, il tribunale verifica che sia conforme alla legge.
- SEGRETO n. 25: durante la procedura di concordato, l'imprenditore in crisi continua a lavorare con la sua azienda, anche se per gli atti più importanti deve chiedere l'autorizzazione al giudice delegato.

- SEGRETO n. 26: l'imprenditore non deve tenere un comportamento fraudolento, altrimenti il concordato viene revocato e rischia il fallimento.
- SEGRETO n. 27: il concordato deve essere approvato dai creditori che rappresentano la maggioranza dei crediti ammessi al voto e il maggior numero di classi, se previste.
- SEGRETO n. 28: una volta che il concordato è omologato dal tribunale diviene obbligatorio per tutti i creditori anteriori alla procedura, anche se hanno votato contro la proposta o non hanno votato.
- SEGRETO n. 29: se l'imprenditore non esegue quanto previsto nel concordato, rischia la revoca del concordato e il fallimento.

Conclusione

Nei capitoli precedenti si è spiegato quali siano gli strumenti per poter affrontare nel migliore dei modi la crisi della propria impresa. Si sono indicati strumenti che possono essere utilizzati senza ricorrere al giudice (modalità stragiudiziali di risoluzione della crisi) e altri che invece comportano l'intervento del tribunale.

Ovviamente tali strumenti dovranno essere nel concreto verificati, sulla base di ogni specifica situazione, insieme con professionisti qualificati (avvocati e commercialisti) che dovranno accompagnare passo passo l'imprenditore in crisi.

Si tratta di strumenti che, come ogni cosa in questa vita, per la loro riuscita hanno bisogno di una serie combinata di elementi: tempestività (non aspettare che la crisi si aggravi), realismo (sapere su quali risorse si può contare), impegno (non trascurare nessun particolare) e forza di volontà (essere determinati al raggiungimento del risultato). Occorre essere pronti a non mollare anche quando gli ostacoli (e, quando ci si trova invischiati in una crisi d'impresa, sono davvero tanti!) appaiono insormontabili, cercando di essere consapevoli degli errori compiuti (per evitare di ripeterli) ma, allo stesso tempo, capaci di guardare con ottimismo al futuro.

Quindi, se adesso vi trovate in cattive acque con la vostra impresa, rileggete con attenzione le pagine che precedono e contattate subito i vostri consulenti per scegliere al più presto la soluzione e la strategia che meglio si adatti alla vostra situazione.

www.ingramcontent.com/pod-product-compliance
Ingram Content Group UK Ltd.
Pitfield, Milton Keynes, MK11 3LW, UK
UKHW022011190726
13853UKWH00004B/1868

9 788861 74499